Reinhard Frederking

Die beste Diät

ist

Deine Diät!

Um Dein Wohlfühlgewicht zu erreichen und auf Dauer zu halten!

Bibliografische Information der Deutschen Nationalbibliothek
Die Deutsche Nationalbibliothek verzeichnet diese Publikation in der Deutschen Nationalbibliografie; detaillierte bibliografische Daten sind im Internet über http://dnd.d-nb.de abrufbar

1. Auflage: November 2016

Originalausgabe
Veröffentlicht im Verlag Books on Demand

Erfahrungen aus dem Leben von Reinhard Frederking
Photos und Umschlaggestaltung Reinhard Frederking

Copyright by Reinhard Frederking
Hasenlohe 11
D-91257 Pegnitz

Herstellung und Verlag:
BoD - Books on Demand, Norderstedt

ISBN 9783743101944

Inhaltsverzeichnis

Seite	Inhalt
8	Vorwort
12	Einleitung
15	Warum werden Menschen dick
18	Jo-Jo-Effekt
22	Ernährungsumstellung
66	Bewegung
70	Ab der 5. Woche
82	Rezepte
99	Übungen zum Nachmachen
107	Zusammenfassung
108	Wünsche
110	Hinweise
112	Über den Autor
115	Raum für Notizen

Jeder Mensch ist etwas besonderes

egal wie viel er wiegt!

Jeder Mensch hat sein Wohlfühlgewicht

Finde Dein's!

Vorwort

Um Ihnen näher zu sein schreibe ich das Buch in Du – Form, ich hoffe das ist für Dich in Ordnung.

Essen und Trinken so viel man will und trotzdem sein Traumgewicht erreichen. - Ach wäre das schön.

Zu Beginn eine kleine Geschichte über mich, den Autor.

Meine Frau, meine Bekannten und meine große Tochter sagen gerne zu mir Du hast es schön, Du wirst nicht dick, Du kannst essen soviel Du willst.

Ich bin 180 cm groß und wiege 80kg + - 2kg und das seit über 20 Jahren, nach meinem langen Kampf, auf mein Bauchgefühl zu hören.

Ich esse, bis auf wenige Ausnahmen, wie Käsesahne, Erdbeerkuchen, Sauerbraten (siehe unter Rezepte) und ein paar anderen Leckereien, nur so viel bis mein Bauch sagt satt. Hat bei meinem ersten Amerikaurlaub nicht funktioniert, da habe ich in 3 Wochen 5 Kilo zugenommen. Und weil man aus Erfahrung klug wird, habe ich bei meinem zweiten Amerikaurlaub nur 1 Kilo zugenommen.

Jeder gesunde Mensch hat diese Gabe, auf seinen Bauch zu hören, aber viele haben es verlernt. Diese Gabe soll mit den folgenden Ratschlägen, Essensplänen und Bewegungsangeboten wieder erlernt werden.

Und genauso schaffst Du es Deine Ernährung umzustellen, wenn Du es wirklich willst.

Denn eine Diät ist nur so lange gut, solange man sie macht. Nach einer Diät haben die meisten nach ein paar Wochen oder Monaten oft mehr Gewicht als vor der Diät.

Deshalb gibt es nur eine Möglichkeit das persönliche Wohlfühlgewicht zu erlangen.

- Eine konsequente Ernährungsumstellung, für immer!
- Mehr Bewegung!
- Ausreichend Entspannung!

Wichtig sind das Durchhaltevermögen und ein eiserner Wille.

Ohne Bereitschaft zum Verzicht, Bereitschaft zu Änderungen und einem festem Willen, wirklich etwas zu ändern, ist es fast nicht möglich, sein Gewicht auf Dauer in ein Wohlfühlgewicht umzuwandeln.

Denke positiv und du schaffst, was du schaffen willst.

Ich will in diesem Buch nichts schön reden. Ich gebe einen kurzen Einblick in die Evolution und versuche mit einfachen Worten zu erklären, warum etwas ist, wie es ist, warum der Mensch dazu neigt, dick zu werden.

In diesem Buch soll nichts beschönigt werden. Es enthält einen Leitfaden für alle gesunden Menschen, wie man sein Wohlfühlgewicht erreichen kann, mit gesunder, abwechslungsreicher Ernährung, Fitness, Entspannung und dem Bauchgefühl.

Einleitung

Ohne Nahrung geht es nicht. Der menschliche Körper braucht sowohl feste als auch flüssige Nahrung um seine Körperfunktionen aufrecht zu erhalten.

Feste Nahrung in Form von:

- Obst (auch Nüsse)
- Gemüse
- Salat
- Getreide, Getreideprodukte und Kartoffeln
- Fette und Öle
- Milch und Milchprodukte und Eier (es geht auch ohne, für den Veganer)
- Fisch und Fischprodukte (es geht auch ohne, für den Veganer und den Vegetarier)
- Fleisch und Fleischprodukte, aber es geht auch ohne für den Veganer und Vegetarier

Flüssige Nahrung in Form von:

- Wasser

Mehr braucht der menschliche Körper nicht.

**Gehe
A
C
H
T
S
A
M
mit Deinem Essen um!**

Warum werden Menschen dick?

So könnte es sein!

Am Anfang ist der Urknall?

Es entsteht Leben auf der Erde.

Der Kreislauf vom Fressen und gefressen werden beginnt.

Lebewesen entwickeln immer neue Strategien um zu überleben.

Es vergehen Millionen von Jahren. Die Überlebensstrategien werden im Erbgut gespeichert.

Der Mensch entwickelt sich. Das Überlebenserbgut, das sich in Millionen von Jahren entwickelt hat ist auch im Menschen.

Der Mensch überlebt Hitze und Dürre im Sommer sowie Kälte, Schnee und Eis im Winter.

Der Mensch überlebt Perioden des Hungerns und Durstens.

Der Mensch braucht Nahrung zum Überleben.

Wenn genügend Nahrung vorhanden ist, speichert der Körper überschüssige Energie in Form von Fett im Körper ab.

Wenn zu wenig Nahrung vorhanden ist, fährt der Körper die Stoffwechselfunktionen herunter, um weniger Energie zu brauchen, das heißt aber gleichzeitig auch, dass der Mensch nicht mehr so leistungsfähig ist.

Reicht es aber nicht aus, die Stoffwechselfunktionen herunterzufahren, greift er auf die gespeicherten Energiereserven zurück, die Muskulatur und das Körperfett.

Der Mensch nimmt ab.

Abnehmen beginnt im Kopf!

Falls Du abnehmen willst!

Jo-Jo-Effekt

Wie entsteht der Jo-Jo-Effekt?

So könnte es sein.

Der Mensch will Gewicht verlieren, weshalb er seine Nahrungsaufnahme reduziert. Er macht eine „Diät".

Der Körper hat weniger Energie zur Verfügung, weshalb er zuerst seinen Stoffwechsel und den Wasseranteil im Körper reduziert (Nahrungsmittelknappheit!).

Der erste Gewichtsverlust ist deshalb zum größten Teil Wasser.

Wenn das nicht ausreicht, holt er sich Energie aus der Muskulatur (weniger Muskulatur = weniger Energieverbrauch, was der Mensch eigentlich nicht will) und dann vermehrt aus den Fettdepots des Körpers.

Der Mensch verliert Gewicht.

Irgendwann hat der Mensch sein Ziel erreicht, oder keine Lust mehr seine Nahrungsaufnahme zu reduzieren.

Der Mensch isst wieder normal.

Der Körper des Menschen läuft aber vorsorglich noch auf „Sparflamme", es könnte ja die nächste Nahrungsmittelknappheit kommen. Er bunkert alles an

Energie, die nicht sofort benötigt wird, in seinen Fettzellen.

Der Mensch nimmt wieder zu.

Irgendwann läuft auch der Stoffwechsel wieder normal. Meistens wiegt der Mensch dann schon mehr, als vor der Diät. Dies hat zur Folge, dass der Mensch wieder mit einer neuen Diät beginnt.

Und so beginnt für viele der unendliche Kreislauf von abnehmen und zunehmen, der **Jo-Jo-Effekt**.

Abnehmen ohne Jo-Jo-Effekt

denn:

Die beste Diät

ist

Deine Diät!

Der Mensch hat drei natürliche Möglichkeiten ohne Jo-Jo-Effekt abzunehmen.

- Mehr Bewegung (für immer).
- Umstellung der Ernährungsgewohnheiten (für immer).
- Die effektivste Methode:

    Umstellung der Ernährungsgewohnheiten und mehr Bewegung, **für immer!**

Streiche den Satz

„Esse deinen Teller auf"

aus Deinem Gedächtnis!

Ernährungsumstellung

Was kann ich mit einer Ernährungsumstellung erreichen, wenn sie gesund und abwechslungsreich ist:

- Steigerung des Wohlbefindens
- Erhöhung der Leistungsfähigkeit
- Stärkung von Körper und Geist
- Vorbeugung von Krankheiten
- Taillenumfang kleiner oder gleich Hüftumfang
- Erreichen des Wohlfühlgewichts

  und damit auch mehr Lebensfreude.

Bist Du jetzt bereit?

Denke daran:

„Du schaffst alles,

was Du schaffen willst!"

Meine Kunden müssen, bevor sie von mir eine Ernährungsempfehlung bekommen, eine Woche lang alles aufschreiben, was sie essen und trinken, wirklich alles, auch den Bonbon oder den Kaugummi. Vielleicht hilft Dir das auch, um einen Überblick zu bekommen, was du wirklich isst und trinkst. Ich habe das auch gemacht und dabei festgestellt, dass ich viel zu wenig trinke. Jetzt steht bei mir überall ein Getränk. Am Arbeitsplatz, auf dem Esstisch, in der Küche, im Schlafzimmer und im Auto. Wenn ich unterwegs bin, auch in meinem Rucksack.

Eine erfolgreiche Ernährungsumstellung funktioniert nur, wenn man nicht für immer auf seine Leibspeise verzichten muss, dafür hast du den Samstag und Sonntag. Denke bitte auch bei deiner Lieblingsspeise daran, höre mit dem Essen auf, wenn Du Dich satt fühlst und Dein Bauch sagt satt. Es ist manchmal schwer mit dem essen aufzuhören, wenn es so gut schmeckt.

Aber Du schaffst das!

Wenn Du jetzt bereit bist Deine Ernährung umzustellen, beginne jetzt mit Deinen ersten beiden Wochen der Ernährungsumstellung.
Wähle bitte aus ob Du **Typ A** oder **Typ B** bist.

Typ A kann seine Arbeitszeit gut einteilen und hat ausreichend Pausen. Er kann bis zu 5 Mahlzeiten am Tag zu sich nehmen.

Typ B hat wenig Zeit für Pausen, er sollte aber trotzdem mindesten 3 Mahlzeiten zu sich nehmen.

Wasser trinken geht immer, so oft Du willst!

Bewege Dich bitte außerdem täglich <u>mindestens</u> eine halbe Stunde am Stück.

Rezeptideen als Anregung, erhältst Du unter dem Kapitel Rezepte.

**Nehme Dir Zeit zum Essen
und
genieße es!**

Freue Dich auf Deine ersten beiden Wochen!

Freue Dich auf Deine Änderungen!

Denn nur wenn Du etwas aus Freude machst, schaffst Du alles was Du schaffen willst.

Bevor Du jetzt beginnst, habe ich noch eine Bitte:
Schreibe alles was Du über Deinen Körper weist auf.

- Körpergewicht
- Bauchumfang
- Taillenumfang

Wenn Du vor hast, Dich regelmäßig zu wiegen, suche Dir einen Platz für Deine Waage und lasse Sie an diesem Ort während Deiner Ernährungsumstellung stehen. Wiege Dich **nur einmal** in der Woche, immer am selben Tag, zur selben Uhrzeit und am besten unbekleidet.

Schreibe Dir noch folgendes auf:

- Wie schlafe ich?
- Wie ist mein gesundheitliches Befinden? Schreibe alles auf was Dir dazu einfällt.
- Wie klappt es mit meiner Verdauung?

  Gehe ich regelmäßig auf die Toilette?

  Ist mein Stuhlgang weich oder fest?

- Wie ist mein Geschmacksempfinden?
- Schmecke ich unterschiedliche Nahrungsmittel und Gewürze aus meinem Essen?

- Und was Dir sonst noch wichtig erscheint.

Wenn Du Deine Notizen gemacht hast, lege Sie weg und schaue sie nicht mehr an, hebe sie aber auf.

Wenn Du Typ A bist starte auf der nächsten Seite

Wenn Du Typ B bist starte auf Seite 38

Typ A: 5 oder mehr Mahlzeiten täglich

Die ersten beiden Wochen

Montag – Freitag

1 x am Tag darf eine Rippe dunkle Schokolade, Kakaoanteil über 60%, genossen werden.

Frühstück:

- 1 Glas Wasser 200 ml
- 1 Glas Orangensaft 200 ml
- 1 Scheibe Vollkornbrot mit Streichfett und 1 Scheibe Käse, oder Honig, oder Marmelade
- Kaffee oder Tee ungesüßt

Brotzeit:

- Mindestens 200 ml Wasser
- 1 Stück Obst
- 1 Vollkornbrötchen mit Streichfett und Schnittlauch oder Basilikum

Zwischendurch:

- Mindestens 200 ml Wasser oder Fruchtsaftschorle

Mittag:

- Mindestens 200 ml Wasser
- Fruchtsaftschorle 1 Teil Saft + 4 Teile Wasser keine Obergrenze
- 1 Scheibe Vollkornbrot mit Streichfett und 1 Scheibe Käse oder magerer Schinken vegane Streichcreme
- 1 Tomate oder 1 Stück Gurke
- 1 Apfel
- 1 Ei

Nachmittag:

- Mindestens 200ml Wasser
- 1 Stück Obst
- Wenn der kleine Hunger kommt 1 Scheibe Vollkornbrot mit Streichfett

Zwischendurch:

- Mindestens 200 ml Wasser oder Fruchtsaftschorle (1+4)

Abendessen:

- Mindestens 200 ml Wasser
- 1 alkoholfreies Getränk nach Wahl
- 1 gemischter Salat mit Joghurtdressing oder Essig und Öl (Olivenöl + 1 TL Leinöl + ½ TL Schwarzkümmelöl) und eine Scheibe Brot
- 4 Walnüsse oder andere Nüsse oder Kerne, falls keine Walnüsse da sind.

Samstag

Verwende soweit nicht vorgegeben die Portionsgrößenangaben von Seite 49.

Frühstück:

- mit Vollkornprodukten
- 200ml Orangensaft
- 200ml Wasser

Zwischendurch:

- mindestens 200ml Wasser
- 1 Stück Obst nach Wahl

Mittag oder Abendessen:

- mit Fisch, oder einem Sellerieschnitzel und Salat
- mindestens 200 ml Wasser
- 1 alkoholfreies Getränk nach Wahl

Zwischendurch:

- Obst
- mindestens 200 ml Wasser oder Schorle (1+4)

Abendessen oder Mittagessen:

- freie Auswahl 1 Portion
- mindestens 200 ml Wasser

Abendessen

- wenn Dir danach ist - ein alkoholhaltiges Getränk

Sonntag wie Samstag

- der Fisch kann durch Fleisch oder einen Gemüsebratling ersetzt werden

Rieche an Deinem Essen,

rieche die wundervollen Aromen,

bevor Du genussvoll zu Speisen beginnst!

Typ B: 3 oder mehr Mahlzeiten täglich

Die ersten beiden Wochen

Montag bis Freitag

Frühstück:

- 1 Glas Wasser 200 ml
- 1 Glas Orangensaft 200 ml
- 1-2 Scheiben Vollkornbrot mit Streichfett und 1 Scheibe Käse, oder Honig, oder Marmelade
- Kaffee oder Tee ungesüßt

Mittag:

- Mindestens 200 ml Wasser
- Fruchtsaftschorle 1 Teil (naturtrüber) Saft + 2 oder mehr Teile Wasser
- 1 belegtes Vollkornbrot oder Vollkornbrötchen
- 1 Apfel
- 1 Ei

Zwischendurch, vormittags und nachmittags

- So viel Wasser oder Schorle 1+3 (mit naturtrüben Säften wäre prima) wie möglich

- Wenn es die Zeit erlaubt Sandwich aus Vollkornbrot mit Käse, veganen Belag oder magerem Schinken und Salat in mundgerechte Stücke geschnitten, im Vorbeilaufen essen.

- 1 kleines Stück, bzw. ein Riegel dunkle Schokolade, wenn danach ist. Der Kakaoanteil sollte über 60% liegen.

- Falls es einmal die Zeit erlaubt ein Stück Obst oder Gemüse. Kleingeschnittenes Obst, Erdbeeren, Weintrauben, Radieschen, Cocktailtomate, Gurke,….

Abendessen:

- Mindestens 400 ml Wasser

- Ungesüßte, alkoholfreie Getränke nach Wahl

- 1 gemischter Salat mit Joghurtdressing (siehe Rezept), oder Essig und Öl (Olivenöl + 1 TL Leinöl + ½ TL Schwarzkümmelöl) und eine Scheibe (Vollkorn-)Brot (und ein kleines, Handteller großes Stück Fisch, Fleisch oder ein Kohlrabischnitzel, wenn danach ist).

- 4 Walnüsse oder andere Nüsse oder Kerne, falls keine Walnüsse vorhanden sind.

Samstag

Verwende soweit nicht vorgegeben die Portionsgrößenangaben von Seite 49.

Frühstück:

- mit Vollkornprodukten
- 200 ml Orangensaft
- 200 ml Wasser
- Kaffee oder Tee

Zwischendurch, vormittags und / oder nachmittags

- mindestens 200 ml Wasser
- 1 Stück Obst nach Wahl oder Schorle (1+1)

Mittag oder Abendessen:

- Fisch, Dinkelbratling, oder etwas Vegetarisches und gemischter Salat

- mindestens 200 ml Wasser
- 1 alkoholfreies Getränk nach Wahl

Abendessen oder Mittagessen:

- freie Auswahl 1 Portion
- mindestens 200 ml Wasser
- freie Getränkewahl

Sonntag wie Samstag

- Fisch, Fleisch, Saitanschnitzel, oder etwas Vegetarisches

Tipp:

Salate immer reichlich mit frischen Kräutern aufpeppen!

Entspannung

Nehme Dir täglich mindestens 5 Minuten Zeit zum entspannen, denn wenn Du ruhig und entspannt bist, geht alles leichter.

Suche Dir einen ruhigen Platz und setze Dich bequem hin, vielleicht im Schneidersitz, oder lehne Dich an einen Baum, oder gehe langsam Schritt für Schritt

- Richte Deinen Oberkörper auf.
- Stelle Dir vor, an Deinem Oberkopf ist ein silberner Faden befestigt, der Dich sanft nach oben zieht, bis Du gerade und entspannt da sitzt.
- Achte nun auf Deinen Atem
- wie er kommt
- Deinen Bauchraum
- Deinen Brustraum
- Deine Lungen
- und Deinen ganzen Körper mit Leben erfüllt.
- Spüre nun wie die Luft aus Deinen Lungen
- Deinem Brustraum

- Deinem Bauchraum
- und Deinem ganzen Körper hinausströmt
- und alles Verbrauchte mit sich nimmt
- Spüre mit jedem Atemzug das Kommen von neuer, frischer, gesunder Energie
- Spüre mit jedem Ausatmen das Gehen von Altem und Verbrauchtem
- Genieße das Einatmen
- Und das Ausatmen
- Atme gleichmäßig und ruhig
- Du bist vollkommen ruhig und entspannt

An dieser Stelle darf ich Dir mein Buch
„Faszination Autogenes Training mit Klang und Phantasie"
empfehlen.

Das Bewegen ist gerade beim Abnehmen besonders wichtig.

Jede Art von Bewegung ist wichtig, denn jede Art von Bewegung sorgt für mehr Fitness, Muskelaufbau und für den Erhalt der Elastizität von Haut und Bindegewebe.

Ab der 3. Woche

1. **W**enn möglich täglich mindestens ½ Stunde am Stück bewegen, ohne aus der Puste zu kommen. Z.B.

   - Spazieren gehen
   - Schwimmen
   - Radfahren
   - Ski-Langlauf
   - Nordic- Walking
   - …..

2. **T**ägliche Übungen für zu Hause oder an der frischen Luft, eventuell mit Musik.

   Die Übungen werden unter der Rubrik Übungen auf Seite 97 erklärt.

   - Hände reiben, Handflächen ca. 10 Sekunden aneinander reiben
   - Dehnen und Strecken in alle Richtungen. Schön langsam, zur Seite, nach oben, nach unten, nach vorne und nach hinten
   - Klopfübung
   - Kurz gegen einen gedachten Boxsack kämpfen

- Vorbeuge – Rückbeuge
- Wippe
- Situps
- Arme und Beine ausschütteln

3. Ab unter die Dusche.

4. **B**ürstenmassage mit einer Körpermassagebürste.
   Bürste Deinen Körper sanft mit kreisenden Bewegungen von den Zehen bis zum Bauch, bürste den Bauch im Uhrzeigersinn und dann sanft weiter bis zum Hals. Bürste mal links herum und das nächste Mal rechts herum.

5. Eincremen, falls Du Dich normalerweise nach dem Duschen eincremst.

Super!

Super!

Super!

Du hast 2 Wochen mit Freude geschafft!

Du kannst stolz auf Dich sein!

Du hast jetzt 2 Wochen durchgehalten. Was heißt hier eigentlich durchgehalten, ich nehme an, Du warst mit Freude dabei und es hat Dir Spaß gemacht, Deine Ernährung zu optimieren und Dich vielleicht schon mehr zu bewegen.

Wenn Du abgenommen hast, egal wie viel und Du Dich in irgendeiner Weise besser fühlst ist das super. (ca. 500 g in einer Woche sind normal)

Hier ein paar Tipps wie Du noch schneller und leichter satt wirst.

- Trinke vor jedem Essen mindesten 200 ml Wasser
- Kaue jeden Bissen mindestens 10 mal

    30-mal wäre optimal

- Esse langsam und höre auf Deinen Bauch, wenn er sagt satt, dann ist er satt.
- Esse am Wochenende erst den Salat, genieße ihn, kaue langsam und wenn Du ihn aufgegessen hast, warte mindestens ¼ Stunde bis Du weiter isst.

Wenn ich einmal essen gehe, esse ich immer zuerst den Beilagensalat.

Freue Dich nun auf die 3. + 4. Woche, sie wird noch etwas abwechslungsreicher in der Ernährung und mehr Bewegung kommt auch noch dazu.

Du kannst jederzeit einen Tag der Woche 1 + 2 gegen einen gleichen Tag der Woche 3 + 4 tauschen.

So groß dürfen die Portionen sein:

- Getränke 1 Portion = ca. 250ml

- Brot so groß wie die ganze Hand

- Nudeln, Kartoffeln, Reis, so groß wie die Schale aus zwei Händen

- Stückobst 1Stück

- kleines Obst und Gemüse was in die Schale aus zwei Händen passt.

- Käse zwei Scheiben, Joghurt und trinkbare Milchprodukte ca. 200 ml

- Fleisch so groß wie der Handteller

- Fisch – da darf es auch gerne mehr sein

- Bratlinge und vegetarische / vegane Schnitzel etwa Handteller groß

- Öle und Fette ein EL (Öl ca.15 g, Butter oder Fett ca. 30 g)

- Süßigkeiten und Ähnliches - was in eine Hand passt, bzw. ein Stück

Der Apfel ist für mich das wertvollste Nahrungsmittel.

Ein altes schottisches Sprichwort sagt:

„An apple a day, helps to keep the Doctor away! "

Frei übersetzt:„Esse jeden Tag einen Apfel und Du bleibst gesund!"

Das geht immer!

Es gibt immer mal wieder Situationen in denen man sagt: „Ich habe noch Hunger". Keiner sollte nach dem Essen hungrig aufstehen.

Wenn diese Situation eintrifft dann geht immer als Nachtisch:

- 1 Apfel oder
- 1 Birne oder
- 1 Banane oder
- 1 Hand voll Früchte oder
- ½ Scheibe Vollkornbrot oder
- 1 Ei

Und diesen Nachtisch langsam und genussvoll essen.

Typ A

beginnt jetzt seine

3. und 4. Woche

Typ B beginnt auf Seite 61

Mit Freude und guter Laune geht es weiter.

Typ A: 5 oder mehr Mahlzeiten

Die 3. Und 4. Woche

Es darf jederzeit eine Mahlzeit weggelassen werden, außer dem Frühstück.

Einmal am Tag darf ein Stück, bzw. ein Riegel Schokolade genossen werden, Kakaoanteil über 60%.

Montag , Dienstag und Donnerstag

Frühstück:

- 1 Glas Wasser 200 ml
- 1 Glas Orangensaft 200 ml
- 1 Scheibe Vollkornbrot, oder Vollkornbrötchen mit Streichfett und 1 Scheibe Käse, oder Honig, oder Marmelade
- Kaffee oder Tee ungesüßt

Brotzeit:

- Mindestens 200 ml Wasser
- 200 g Bio-Joghurt, natur oder mit Früchten und mit einem gehäuften EL Vollkornbasismüsli ohne Zuckerzusatz

Zwischendurch:

- Mindestens 200 ml Wasser
- 1 Stück Obst

Mittag:

- Mindestens 200ml Wasser
- Fruchtsaftschorle 1 Teil Saft + 4 Teile Wasser keine Obergrenze
- 1 Scheibe Vollkornbrot mit Streichfett und 1 Scheibe Käse oder magere Wurst (magerer Schinken), oder vegane Streichcreme
- 1 Apfel
- 1 Ei

Nachmittag:

- Mindestens 200ml Wasser
- 1 Stück Obst
- Wenn der kleine Hunger kommt 1 Scheibe Vollkornbrot mit Butter

Zwischendurch:

- Mindestens 200 ml Wasser oder Fruchtsaftschorle (1+4)

Abendessen:

- Mindestens 200 ml Wasser
- 1 alkoholfreies Getränk nach Wahl
- 1 gemischter Salat mit Joghurtdressing (siehe Rezeptideen) oder Essig und Öl (Olivenöl + Leinöl + Schwarzkümmelöl)
- 4 Walnüsse andere Nüsse oder Kerne, falls keine Walnüsse vorhanden sind.

Mittwoch

Frühstück:

- 1 Glas Wasser 200 ml
- 1 Glas Orangensaft 200 ml
- 3 EL Vollkornbasismüsli (ohne Zucker) ½ Becher Bio-Joghurt, 2 Esslöffel Nussmüsli, ½ TL Leinsamen geschrotet oder gemörsert, eine kleine Banane, etwas Milch
- Kaffee oder Tee ungesüßt

Brotzeit: (Nur wenn der kleine Hunger kommt)

- Mindestens 200 ml Wasser
- 1 Scheibe Brot oder Brötchen nach Wahl mit Streichfett und Schnittlauch oder Gurke oder Radieschen oder Tomate
- (1 Riegel Schokolade Kakaoanteil über 60%)

Zwischendurch:

- Mindestens 200 ml Wasser
- 1 Stück Obst

Mittag:

- Mindestens 200 ml Wasser
- Fruchtsaftschorle 1 Teil Saft + 3 Teile oder mehr Wasser
- 1 Scheibe Vollkornbrot mit Streichfett und 1 Scheibe Käse oder magere Wurst (Schinken) oder vegane Streichcreme
- 1 Apfel
- 1 Ei

Nachmittag:

- Mindestens 200 ml Wasser
- 1 Stück Obst
- Wenn der kleine Hunger kommt 1 Scheibe Vollkornbrot mit Streichfett

Zwischendurch:

- Mindestens 200 ml Wasser oder Fruchtsaftschorle (1+3 oder mehr)

Abendessen:

- Mindestens 200 ml Wasser
- 1 alkoholfreies Getränk nach Wahl
- Gemischter Salat mit Joghurtdressing oder Essig und Öl und ein handtellergroßes Rindersteak oder Lachssteak oder veganes oder vegetarisches Schnitzel
- 4 Walnüsse andere Nüsse oder Kerne, falls keine Walnüsse vorhanden sind.

Freitag

Frühstück:

- 1 Glas Wasser 200 ml
- 1 Glas Orangensaft 200 ml
- 1 Scheibe Vollkornbrot mit Streichfett und 1 Scheibe Käse, oder Honig, oder Marmelade
- Kaffee oder Tee ungesüßt

Brotzeit:

- Mindestens 200 ml Wasser
- Belegtes Brot oder Brötchen mit Butter, dazu Schnittlauch, Gurke oder Tomate

Zwischendurch:

- Mindestens 200 ml Wasser
- 1 Stück Obst

Mittag:

- Mindestens 200 ml Wasser
- Fruchtsaftschorle 1 Teil Saft + 4 Teile Wasser keine Obergrenze

- 1 Scheibe Vollkornbrot mit Streichfett und 1 Scheibe Käse oder magere Wurst (magerer Schinken) oder Salat
- 1 Apfel
- 1 Ei

Nachmittag:

- Mindestens 200 ml Wasser
- 1 Stück Obst
- Wenn der kleine Hunger kommt 1 Scheibe Vollkornbrot mit Streichfett

Zwischendurch:

- Mindestens 200 ml Wasser oder Fruchtsaftschorle (1+4)

Abendessen:

- Mindestens 200ml Wasser
- 1 alkoholfreies Getränk nach Wahl
- Salat und etwas mit Fisch oder Käse oder Gemüsesticks

Samstag

Frühstück:

- mit Vollkornprodukten
- 200 ml Orangensaft
- 200 ml Wasser

Zwischendurch:

- mindestens 200 ml Wasser
- 1 Stück Obst nach Wahl

Mittag oder Abendessen:

- Eintopf (siehe Rezept)
- mindestens 200 ml Wasser
- 1 alkoholfreies Getränk nach Wahl

Zwischendurch:

- Obst
- mindestens 200 ml Wasser oder Schorle (1+4)

Abendessen oder Mittagessen:

- freie Auswahl 1 Portion
- mindestens 200 ml Wasser

Sonntag

Tag der freien Entscheidung

Typ B: 3 oder mehr Mahlzeiten

Die 3. Und 4. Woche

Montag bis Freitag

Frühstück:

- 1 Glas Wasser 200 ml
- 1 Glas Orangensaft 200 ml
- 1-2 Scheiben Vollkornbrot mit Streichfett und 1 Scheibe Käse, Honig, oder Marmelade
- Kaffee oder Tee (ungesüßt)

Mittag:

- Mindestens 200 ml Wasser
- Fruchtsaftschorle 1 EL Heidelbeersaft + dunkler Saft (rote Trauben, Johannisbeere oder ähnliches) + Wasser.
- 1 belegtes Brot mit Käse oder Gemüse
- 1 Apfel
- 1 Ei
- Etwas Süßes, wenn danach ist

Zwischendurch, vormittags und nachmittags

- So viel Wasser oder Schorle 1+3 (mit naturtrüben Säften wäre prima) wie möglich

- Wenn es die Zeit erlaubt Sandwich aus Vollkornbrot mit Käse, vegetarischem / veganem Belag oder magerem Schinken in mundgerechte Stücke geschnitten, im Vorbeilaufen essen.

- 1 kleines Stück dunkle Schokolade, wenn danach ist. Der Kakaoanteil sollte über 60% liegen.

- Falls es einmal die Zeit erlaubt ein Stück Obst oder Gemüse. Kleingeschnittenes Obst, Erdbeeren, Weintrauben, Radieschen, ….

Abendessen:

- Mindestens 400 ml Wasser

- Tomatensaftcocktail aus Tomatensaft, 1 TL Leinöl, ½ TL Schwarzkümmelöl und etwas Chili

- Ungesüßte, alkoholfreie Getränke nach Wahl

- 1 gemischter Salat mit Joghurtdressing (siehe Rezept)

- 4 Walnüsse

Abendessen am Mittwoch

- Mindestens 400 ml Wasser
- Tomatensaftcocktail aus Tomatensaft, 1 TL Leinöl, ½ TL Schwarzkümmelöl und etwas Chili
- Ungesüßte, alkoholfreie Getränke nach Wahl
- 1 gemischter Salat mit Thunfisch oder gebratene Tofustreifen und Joghurtdressing (siehe Rezept) oder Essig und Öl
- 4 Walnüsse

Samstag

Frühstück:

- mit Vollkornprodukten
- 200 ml Orangensaft
- 200 ml Wasser
- Kaffee oder Tee

Zwischendurch, vormittags und/oder nachmittags

- mindestens 200ml Wasser
- 1 Stück Obst nach Wahl oder Schorle (1+4)

Mittag oder Abendessen:

- Eintopf (siehe Rezeptideen)
- mindestens 200 ml Wasser
- 1 alkoholfreies Getränk nach Wahl

Abendessen oder Mittagessen:

- freie Auswahl 1 Portion eventuell mit Fisch
- mindestens 200 ml Wasser

Sonntag:

- freie Auswahl

Esse Fleisch, wenn überhaupt, bewusst!

Gehe respektvoll mit Deiner Nahrung um!

Das Bewegen ist gerade beim Abnehmen besonders wichtig und deshalb kannst Du die Bewegung erweitern.

Ab der 3. Woche

Wenn möglich täglich mindestens ½ Stunde am Stück bewegen, ohne aus der Puste zu kommen.

- Spazieren gehen
- Schwimmen
- Radfahren
- Ski-Langlauf
- Nordic-Walking
- …..

Bewege Dich an zwei Tagen in der Woche mindestens 1 Stunde am Stück

Tägliche Übungen für zu Hause oder an der frischen Luft, eventuell mit Musik. Die Übungen werden unter der Rubrik Übungen auf Seite 97 erklärt

- Hände reiben, Handflächen ca. 10 Sekunden aneinander reiben
- Dehnen und Strecken in alle Richtungen, schön langsam, zur Seite, nach oben, nach unten, nach vorne und nach hinten.
- Klopfübung
- Kurz gegen einen gedachten Boxsack kämpfen

Folgende Übungen mindestens 10-mal
- Vorbeuge – Rückbeuge
- Wippe
- Situps
- Rudern beidarmig / einarmig
- Liegestütze, eventuell einarmig, falls Du an einem Arm / Hand verletzt bist
- Becken gegen die Wand schieben
- Arme und Beine ausschütteln
- Entspannung

Ab unter die Dusche.
Bürstenmassage von den Zehen bis zum Hals
Bürste Deinen Körper sanft mit kreisenden Bewegungen von den Zehen bis zum Bauch, bürste den Bauch im Uhrzeigersinn und dann sanft weiter bis zum Hals.
Eincremen, falls Du das sonst nach dem Duschen machst.

Wow!

Du hast 4 Wochen geschafft!

Sei stolz auf Dich!

Du schaffst was Du schaffen willst!

Mache mit Freude weiter!

Höre auf Deinen Bauch!

Ernährung ab der 5.Woche

Wähle aus den Tagen Montag bis Freitag Woche 1+2 und Woche 3+4 aus.

Gestalte den Samstag und Sonntag nach Deinen Wünschen. Denke aber bitte immer daran, esse nur so viel bis Du satt bist, höre auf Deinen Bauch. Du kannst auch die Portionsgrößenangaben als Unterstützung nehmen.

Bei Feiern unter der Woche tausche den Wochentag mit Samstag oder Sonntag.

Ergänzungsübungen zur Erhaltung der Beweglichkeit ab der 5.Woche:

- Kniebeugen
- Hüftkreisen
- Kopfkreisen
- Schulterkreisen
- Entspannungssitz (gleichmäßig und ruhig atmen)
- Becken kippen
- Seitbeuge
- Handtraining/Fingertraining

Zur Ergänzung wäre auch folgendes empfehlenswert

- Bewegungstraining zusammen mit Freunden, das motiviert und macht meist doppelt Spaß
- Wie wäre es mit einem

  Tanzkurs

  Qi Gong

  Zumba

  Aquafitness

  Bergsteigen …………

Mache die 5.Woche solange Du Freude daran hast.

Vergleiche Dich nicht mit anderen, denn jeder Mensch hat sein eigenes Wohlfühlgewicht.

Du bist einmalig

        und Du schaffst

                was Du schaffen willst!

Und weil wir alle verschieden sind, gibt es auch bei den Ernährungsgewohnheiten große Unterschiede.

Wenn Dir weder der Ernährungstyp A, noch der Ernährungstyp B zusagt, möchte ich Dir noch den Ernährungstyp C vorstellen.

Mit diesen 3 Ernährungstypen hast Du sicher ausreichend Möglichkeiten, die Du auch eventuell auf Deine Ernährungsbedürfnisse umwandeln kannst.

Ernährungstyp C

Es gibt Menschen, denen fällt es leichter nach 14:00 Uhr nur noch eine Kleinigkeit zu essen, meine Frau gehört z.B. dazu und deshalb habe ich mit ihr zusammen den Plan C kreiert.

Bitte nutze auch hier die Portionsgrößenangabe.

Montag bis Freitag

Frühstück:

- 200 ml Wasser
- 200 ml Orangensaft oder ein Stück Obst
- 1 Joghurt
- Vollkornbrot oder Vollkornbrötchen
- Butter oder Streichfett
- Belag nach Wunsch
- 1 Ei
- ungesüßten Kaffee oder Tee

oder

- 200 ml Wasser

- 200 ml Orangensaft oder ein Stück Obst
- Vollkornmüsli mit Nüssen + Milch
- 1 Joghurt
- 1 Ei
- ungesüßten Kaffee oder Tee

Zwischendurch:

- Mindestens 400 ml Wasser oder Schorle (1Teil Saft, 4 oder mehr Teile Wasser),

  mein Schorle-Favorit: 400 ml Wasser, 80 ml Traubensaft, 20 ml Heidelbeersaft

- 1 Stück Obst oder eine Schale aus 2 Händen gefüllt mit (Trauben, Erdbeeren,…)

Mittagessen:

Montag bis Donnerstag im Wechsel
1. Mindestens 400 ml Wasser
2. Gemischter Salat mit Joghurtdressing oder Essig und Öl dazu eine Portion
Nudeln mit Soße Kräutern und (Parmesankäse)
oder
Reis mit Soße und Kräutern

oder
frisches Vollkorn-Baguette
oder
Gemüseauflauf
oder
Kartoffelgratin
oder Gemüse und Reis oder Nudeln oder …

Alle Gerichte mit viel frischen Kräutern und Leinöl (auf das fertig angerichtete Gericht)

Freitag:
- Mindestens 400ml Wasser
- Fisch und Salat und / oder Kartoffeln
- oder
- etwas **Vegetarisches** oder **Veganes** mit Leinöl (und Salatkernen)

Nach 14:00 Uhr:
- immer wieder viel trinken
- 1 Scheibe Vollkornbrot dünn mit Butter bestrichen und ein Apfel oder anderes Obst
- Tipp: ganz langsam essen und jeden Bissen mindestens 20 mal kauen

Irgendwann während des Tages 4 Walnüsse oder andere Nüsse oder Kerne

Samstag und Sonntag:

- Über den Tag verteilt mindestens 1,5 Liter Wasser trinken
- Essen = freie Auswahl bis 14:00 Uhr
- nach 14:00 Uhr nur noch einmal essen und da nur eine halbe Portion
- 1 Bier oder ein Glas Wein am Abend ist ok

Bewegung wie bei Typ A und B

Wohlfühlgewicht erreicht?!

Herzlichen Glückwunsch!

Du hast es geschafft!

Hole Dir nun ein Blatt Papier und schreibe jetzt bitte alles was Du über Deinen Körper weist auf.

- Körpergewicht
- Bauchumfang
- Taillenumfang

Schreibe Dir noch folgendes auf:

- Wie schlafe ich?
- Wie ist mein gesundheitliches Befinden? Schreibe alles auf was Dir dazu einfällt.
- Wie klappt es mit meiner Verdauung? Gehe ich regelmäßig auf die Toilette? Ist mein Stuhlgang weich oder fest?
- Wie ist mein Geschmacksempfinden? Schmecke ich unterschiedliche Nahrungsmittel und Gewürze aus meinem Essen?
- Fällt mir sonst noch etwas auf?

Hole Dir nun Deine Notizen, die Du Dir am Anfang der 1. Woche aufgeschrieben hast und vergleiche diese mit Deinen aktuellen Notizen, die Du Dir gerade gemacht hast.

Rezepte

Nur ein paar Anregungen für einen leckeren, gesunden und abwechslungsreichen Speiseplan, Anregungen, die Du gerne nach Deinen Wünschen abändern kannst. Einer mag z.B. keine Karotten, dann ersetzte sie durch ein anderes Gemüse.

Kleiner Beilagensalat für 2 Personen:

Passt gut zu Nudelgerichten.

Zutaten:
- ¼ Salatkopf Eisbergsalat
- 1 Scheibe Weißbrot
- 1 EL Sonnenblumenkerne
- 1 TL Kürbiskerne
- 1 TL Parmesankäse
- 1 EL Schnittlauchröllchen
- 2 EL Zwiebelschlüttle
- Basilikumblätter
- 1 EL Butter
- (eine Kresseblüte)

Dressing 1
- Etwas Balsamicoessig
- Ein paar Spritzer Zitronensaft
- 2 EL Sahne

Dressing 2
- Joghurtdressing

Zubereitung:

- Salat waschen und kleinschneiden
- Weißbrot würfeln und in einer Pfanne mit der Butter rösten, aus der Pfanne nehmen und mit dem Parmesan überdecken
- Sonnenblumenkerne in die noch warme Pfanne geben und kurz rösten
- Zwiebelschlüttle kleinschneiden
- Schnittlauch kleinschneiden
- Salat auf 2 Salatteller geben
- Balsamicoessig und Zitronensaft über den Salat geben, Sahne darüber
- oder Joghurtdressing
- Zwiebelschlüttle und Schnittlauchröllchen auf den Salat
- Weißbrotwürfel darüber
- und mit Basilikum dekorieren
- eine Kresseblüte gibt dem Salat noch eine besondere Note

Guten Appetit!

Aufpeppen von Salat

Beim Salat gibt es keine Grenzen. Jede Variation ist möglich.

Aufpeppen mit:

Gegrilltem Gemüse wie Zucchini, Tomaten, Spargel, Champignons, ...

oder

Gekochtem Ei

oder

2-3 dünne Käsestreifen

oder

2-3 Schinken-Käseröllchen mit vegetarischem Schinken

oder

1 EL voll Salatkerne

Das geht immer zum Verfeinern:

Schnittlauchröllchen

Kresse

Basilikum

Zwiebelringe

Chili

Peperoni

Sonstige Kräuter

Salatvariation

mit Gemüsestäbchen

Joghurtdressing

- 1 Biojoghurt
- 1-2 TL Leinöl
- ½ TL Schwarzkümmelöl wäre prima, kann aber auch weggelassen werden
- 1-2 TL Mayonnaise
- 1-2 TL Senf
- 1-2 TL brauner Zucker

Alles gut verrühren.

Hält sich im Kühlschrank 2 Tage

Zum Garnieren immer frische Kräuter wie:

- Schnittlauch
- Petersilie
- Kresse
- …..

Eintopf

Zutaten:

- 2 kleine Kartoffeln
- 1 Zwiebel
- 2 Karotten
- 2 Hände voll Brokkoli (gefroren)
- 1-2 Hand voll Prinzessbohnen
- 2 Hände voll Kohl
- 1 Stück Ingwer daumennagelgroß
- 1 TL gemahlenen Kümmel
- Pfeffer aus der Mühle
- 1 EL Schnittlauchröllchen
- Etwas Chili nach Geschmack
- ½ Liter Gemüsebrühe (kann eine Instantbrühe sein)
- Sojasoße zum Abschmecken

- Weitere Kräuter wie Thymian, Petersilie, … kurz vor dem Servieren in den Eintopf geben.
- Butter oder Sonnenblumenöl
- Frisches Schwarzbrot
- Butter

Zubereitung:

- In einem Topf etwas Butter oder Sonnenblumenöl erhitzen.
- Kartoffeln waschen, schälen und in kleine Stücke schneiden.
- Zwiebel schälen und in halbe Scheiben schneiden.
- Kartoffeln und Zwiebeln anbraten.
- Kümmel dazu.
- Karotten waschen, schälen und klein schneiden, Stücke ungefähr so groß wie die der Kartoffeln.
- Karotten in den Topf geben.

- Umrühren bis die Kartoffeln leicht angebraten sind, dann mit der Gemüsebrühe angießen und rühren, bis das Angeröstete vom Topfboden weg ist.
- Ingwer klein schneiden und dazu geben.
- Kohl kleinschneiden und in den Topf geben.
- Brokkoli und Prinzessbohnen eventuell klein schneiden, in den Topf geben und umrühren.
- Mit Pfeffer aus der Mühle und Chili würzen.
- Gemüse sollte mit Flüssigkeit bedeckt sein, bei Bedarf noch etwas Gemüsebrühe aufgießen.
- Solange, ca. 30 Minuten, köcheln, bis die gewünschte Bisskonsistenz erreicht ist.
- Restliche kleingehackte Kräuter zum Eintopf geben.
- Mit Sojasoße abschmecken.
- Schnittlauchröllchen in die Teller geben, dann den Eintopf.

Dazu passt frisches Schwarzbrot, eventuell mit Butter.

Guten Appetit!

Und immer ausreichend trinken!

Mein Lieblingsbraten

Rinderrahmbraten

Zutaten:

- 1kg Bio-Rindfleisch am liebsten Blattschulter oder Bürgermeisterstück
- 2 Zwiebeln
- 4 Karotten
- 1 kleine Scheibe Sellerie
- 1 Blatt Weißkohl
- Pfeffer aus der Mühle
- 2TL brauner Zucker
- Balsamicoessig
- 1TL Lebkuchengewürz
- 2TL Wacholderbeeren
- 2TL Nelken
- 4 Lorbeerblätter
- 1EL Gemüsebrühepulver
- 1EL Butter
- 1 Soßenlebkuchen
- 1 Schokoladenlebkuchen oder noch ½ Soßenlebkuchen
- 3 Becher Sahne a' 200ml
- 300ml Traubensaft
- etwas Rotwein, wenn keine Kinder mitessen

Vorbereitung:

- Fleisch aus dem Kühlschrank nehmen und mit Balsamicoessig bestreichen
- Mit Pfeffer aus der Mühle würzen
- bei Zimmertemperatur eine gute Stunde stehen lassen
- Karotten schälen
- Zwiebeln schälen und halbieren
- Sellerie schälen und in kleine Stücke schneiden
- Weißkohl in Streifen schneiden
- Wacholderbeeren etwas zerdrücken und mit den Nelken in ein Teeei geben
- Soßenlebkuchen und Schokolebkuchen in kleine Stücke schneiden, in ein passendes Gefäß geben und mit 400ml Sahne bedecken – gelegentlich umrühren
- Traubensaft und Rotwein zusammen erwärmen, nicht kochen

Zubereitung:

- Backofen auf 180° vorheizen
- Bratenpfanne erhitzen
- Butter zugeben
- Fleisch von allen Seiten kurz anbraten
- Gemüse dazugeben, kurz mit anbraten
- Warmen Saft/Rotwein angießen

- Teeei und Lorbeerblätter in den Bräter
- Fleisch nochmal mit Balsamicoessig bestreichen und mit Pfeffer würzen
- Deckel drauf und für ca. 2 Stunden ab in den Ofen
- Fleisch alle ½ Stunde wenden - nach dem letzten Wenden mit braunem Zucker und dem Lebkuchengewürz bestreuen, Gemüsebrühepulver dazugeben.
- Nach ca. 2 Stunden den Braten aus dem Ofen nehmen, in Alufolie einpacken und zurück in den Ofen, den Ofen ausschalten
- Die Soße auf die Herdplatte und leicht köcheln lassen und ca. auf die Hälfte reduzieren
- Gemüse, Teeei und Lorbeerblätter entfernen
- Sahne-Lebkuchenmasse mit dem Schneebesen in die Soße rühren. Rühren bis die gewünschte Konsistenz erreicht ist. Manchmal löst sich der Lebkuchen nicht richtig auf, dann die Soße durch ein Sieb passieren oder mit einem Zauberstab pürieren.
- Bei Bedarf die restliche Sahne einrühren und mit Pfeffer und Salz den Geschmack abrunden
- Fleisch aus dem Ofen nehmen, Fleischsaft, falls vorhanden, in die Soße geben, Fleisch in Scheiben schneiden und in die Soße legen.

Dazu passen:

- Kartoffelklöße
- Serviettenkloß
- Spätzle
- Nudeln
- …..

- Rotkraut
- Salat

Guten Appetit!

Am 01.09.2016 wurde auf meinem ehemaligen Reiterhof ein Kälbchen geboren, eine kleine Viktoria. Ich schaue ihm seitdem beim aufwachsen zu und sehe ganz bewusst ein kleines Lebewesen, in dem so viel Lebensfreude steckt. Bilder von Viktoria und weiteren Tieren gibt es auf www.gnadenhof-fraenkische-schweiz.de

Seit diesem 01.09.2016 verzichte ich auf Fleisch und deren Produkte. Ich bin durch dieses kleine lebensfrohe Wesen zum Vegetarier geworden.

Ich suche nach einem Alternativrezept ohne Fleisch für meinen Rahmbraten.

Er wird auf meiner Seite, www.gesunde-ernaehrungstipps.de zu finden sein, wenn ich fündig geworden bin. Ich nehme auch gerne Vorschläge entgegen, sofern ich sie dann auch unter Namensnennung des Kochs / der Köchin veröffentlichen darf.

Übungen zum Erhalt der Beweglichkeit

Alle Übungen nur machen, wenn sie gut tun. Wenn du dir nicht sicher bist, halte Rücksprache mit deinem Arzt oder Physiotherapeuten.

- Hände reiben:
- Handflächen ca.10 Sekunden aneinander reiben.
-
- Auf der Stelle laufen, Arme schwingen mit, ca. 1-2 Minuten laufen
-
- Klopfübung
- Klopfe mit der rechten Hand auf das linke Schlüsselbein – klopfe auf der Innenseite des Armes bis zur Handfläche – von dort über den Handrücken auf der Außenseite des Armes nach oben zum Schlüsselbein – 3-mal wiederholen, dann klopfe mit der linken Hand die rechte Seite – 3-mal wiederholen. Dann klopfe mit beiden Händen deine Pobacken – klopfe auf der Außenseite deiner Beine nach unten – über die Fußsohle – und auf der Innenseite der Beine wieder nach oben –
- 3-mal wiederholen.

- Kniebeuge: Arme ungefähr waagerecht. Knie nicht durchstrecken – Knie bleiben hinter den Zehenspitzen. Oberkörper gerade Linie. Po nach hinten schieben. Oberschenkel maximal waagerecht zum Boden. Mindestens 10-mal.

- Auf die Zehenspitzen stellen – Arme gehen nach oben 10-mal, beim letzten Mal halten. Den Körper so lang wie möglich machen.

Vorbeuge – Rückbeuge 10-mal

Vorbeuge in den geraden Rücken, dann Wirbel für Wirbel abrollen, mit den Händen so nah wie möglich an den Boden. Dann wieder Wirbel für Wirbel aufrichten.

 Soweit wie möglich nach hinten beugen

- Seitbeuge –
  Arm geht diagonal mit, je Seite 10-mal

- Mit dem ganzen Körper gegen einen gedachten Boxsack boxen

- Beidarmiges Rudern, ohne oder mit Gewichten. Oberkörper bleibt gestreckt, Knie leicht angewinkelt. Mindestens 1 -mal.
- Wenn du keine Hanteln hast, kannst du auch Wasserflaschen nehmen.

- wenn Du die Möglichkeit dazu hast Wippe

- Situps:

- Hände unter den Kopf, Arme bleiben in gerader Linie waagerecht. Füße bleiben auf dem Boden. Bauchnabel nach innen ziehen und Spannung im Bauch aufbauen. Oberkörper so weit wie möglich vom Boden abheben. So oft es geht.

- Situps diagonal, zur Kräftigung der seitlichen Bauchmuskeln.

- Arme und Beine ausschütteln.
- Kopf seitlich neigen, ca. 5 Sekunden halten, jede Seite 2-mal.
- Mehrmals dehnen und strecken in alle Richtungen, schön langsam, zur Seite, nach oben, nach unten, nach vorne und nach hinten.

Vielen Dank an meine Tochter Julia, die sich für diese Aufnahmen zur Verfügung gestellt hat.

Wenn Dir diese Übungen entsprechen, lasse Dir die Ausführungen eventuell von einem Fachmann erklären.

Mein Tipp:

Suche dir ein Fitnessstudio, oder eine Einrichtung, in der es Dir gefällt. Oft machen Fitnessübungen in der Gruppe am meisten Spaß.

**Fit werden und Fit bleiben
geht nur
mit ausreichender Bewegung**

Zusammenfassung

Jeder Mensch ist anders, jeder Mensch ist ganz individuell.

Jeder Mensch hat ein anderes Wohlfühlgewicht. Es ist wichtig dass jeder sein Wohlfühlgewicht findet.

Egal ob Du Dich für die mit Fleisch, vegetarische oder vegane Ernährung entscheidest, höre auf Deinen Bauch, er sagt Dir was Dein Körper braucht.

Und vergesse die regelmäßige Bewegung **nicht!**

Ich hoffe, dieses Buch hat Dir dabei geholfen, zu lernen, auf Deinen Bauch zu hören und Dein Wohlfühlgewicht zu finden.

Und noch eines, wir entscheiden was wir essen!

Meine Wünsche:

Ich wünsche mir natürlich Gesundheit, Glück und Zufriedenheit für Alle.

Und dass jede/r Leser/in dieses Buches sein Wohlfühlgewicht erreicht.

Außerdem hoffe ich, dass es so viele wie möglich schaffen, genau wie ich, zum Vegetarier oder zum Veganer zu werden.

Und dann ist da noch etwas, ich wünsche mir viele verkaufte Bücher, denn ich spende bis zum 31.12.2018 pro verkauftem Buch 20 Cent an den Gnadenhof Fränkische Schweiz, wo viele leidgeprüfte Tiere einen schönen Lebensabend verbringen dürfen.

Foto: Julia Frederking

Bleibe gesund und denke daran, Du schaffst was Du schaffen willst!

Dein Reinhard Frederking

Hinweise für die Leser dieses Buches

Alle Empfehlungen sind für gesunde Menschen. Sie sind alle von meiner Familie, Freunden und Bekannten ausprobiert worden.

Viele meiner Kunden haben mit diesem Leitfaden ihr Wohlfühlgewicht erreicht, was mich veranlasste dieses Buch zu schreiben.

Dennoch erfolgen alle Angaben ohne Gewähr. Halten Sie im Zweifelsfall Rücksprache mit Ihrem behandelnden Arzt.

Der Autor kann für eventuelle Schäden und Unverträglichkeiten, die aus in diesem Buch gegebenen Hinweisen resultieren, keine Haftung übernehmen.

Alles was die Leserin / der Leser dieses Buches aus dem Inhalt verwendet geschieht eigenverantwortlich.

Danke

Vielen Dank an meine Familie, die mich wie immer bei meinen Projekten unterstützt haben. Besonderer Dank gilt meinem Sohn Matthias, der das Manuskript gelesen, für gut befunden und mit diesem sein Wohlfühlgewicht erreicht hat. Meiner Tochter Julia, die sich für die Photos zur Verfügung gestellt hat. Meiner Frau Regina und allen Anderen, die mir zur Seite standen.

Der Autor Reinhard Frederking ist verheiratet und hat drei Kinder. Er ist gelernter Fotograf und leidenschaftlicher Hobbykoch. Auf seinem kleinen Anwesen haben einige Tiere, die niemand mehr wollte, ihr zuhause gefunden.

Für ihn gibt es 3 wichtige Säulen für ein langes und gesundes Leben:
- **Er**nährung, gesund und vollwertig
- **En**tspannung, so oft es geht
- **Fit**ness, regelmäßig

2008 Ausbildung zum **Er**nährungsberater

Seit dieser Zeit arbeitet er als Ernährungsberater und Dozent.

2011 Ausbildung zum **En**tspannungspädagogen

2013 Ausbildung zum **Fit**nesstrainer B bei der deutschen Fitnesslehrervereinigung.

2011 verfasst der Autor sein erstes Buch

„Faszination Autogenes Training mit Klang und Phantasie"

2015: Es erscheint das Zweite,

„Kraftfahrer und Vielsitzer"

2016: „Die beste Diät ist Deine Diät?!" Dieses Buch ist sein drittes Werk und beinhaltet Teile seiner Erfahrungen, gemixt mit neuen Ideen, die teilweise beim Entstehen dieses Buches entstanden sind und sogleich getestet wurden.

2016: Der Autor wird Vegetarier aus Überzeugung.

Das vierte Buch ist in Vorbereitung.

Denke daran!

Du schaffst, was Du schaffen willst!

Raum für Notizen: